Corrección: Eladia Guerrero
Diseño de cubierta: Pablo Arellano
Maquetación: Aliar Ediciones

Depósito Legal: GR 1873-2025
ISBN: 979-13-88058-39-4

Impreso en España

Edita
ALIAR Ediciones
www.aliarediciones.es
info@aliarediciones.es

MIENTRAS SEAS PALABRA

JUAN MANUEL NAVARRO ALFARO

Aliarediciones

MIENTRAS SEAS PALABRA

JUAN MANUEL NAVARRO ALFARO

A María del Pilar Muñoz Cazorla

Yo no nací sino para quereros;
mi alma os ha cortado a su medida; por hábito del alma misma os quiero; cuanto tengo confieso yo deberos; por vos nací, por vos tengo la vida, por vos he de morir y por vos muero.

Garcilaso de la Vega

PRÓLOGO

Sé que el prólogo, a menudo, es el lugar de la justificación, la percha donde el autor cuelga el sentido de su obra antes de que el lector se atreva a descolgarla. Pero esta vez no. Lo que tienen entre las manos, estas páginas cargadas con la urgencia del deseo y la calma de la certeza, son una confesión, una carta de amor en clave de verso titulada *Mientras seas palabra. Poemas de amor entre pétalos de arena.*

Desde el primer día que me entregaste tu mano en la penumbra de un bar de pueblo, mi existencia se convirtió en una alegría. La vida, María del Pilar, es un tejido de «pétalos de arena», efímeros y hermosos, y mi poesía no es más que el intento tozudo de fijar esa arena para que no se la lleve el viento.

Todo comenzó con un flechazo, sí, con esa bendita ceguera a primera vista que solo concede la juventud y un verano en el sur. Pedro Martínez, este pueblo granadino que parece suspendido en una siesta eterna, no era solo un punto en el mapa; era el epicentro de un terremoto personal. ¿Quién iba a decir que la casualidad se disfrazaría de noche de fiesta y de música en el *pub* Tiffany's?

Recuerdo el calor de agosto, incluso la canción de UB40 *(I Can't Help) Falling in Love With You*, y de pronto tu mirada. No fue un encuentro gradual; fue un «aquí, pisando la tierra, me has vencido» instantáneo, como lo describe un verso de este libro. Desde aquel primer cruce de miradas hasta aquella noche en la calle Calvario, donde nos despedimos sin despedirnos, han pasado más de treinta años. Treinta años en los que el tiempo se detuvo en aquel instante para no volver a arrancar nunca del todo. Yo no nací, como decía Garcilaso en la cita que te dedico, «sino para quereros»; nací para encontrarte, para ser tu palabra y tu mirada.

«La primera noche de una noche de verano» no fue el final de una aventura; fue el prólogo de nuestro amor. Nos apresuramos, sí, y la luz de la pasión se derramó como cera ardiente, pero esa prisa era en realidad la impaciencia de dos almas que se habían estado esperando desde siempre, sin saberlo. Y esa urgencia, ese fuego inicial, es lo que da vida a la primera parte del poemario, «Mariposas sobre tu cabeza», el caos sublime del deseo.

Hemos aprendido a amarnos, no solo por intuición, sino por la herencia tácita que recibimos. Pienso en nuestros padres, en nuestros abuelos, en esa generación que entendía el amor no como una llama constante, sino como un fuego lento que se cuida, una hiedra que se trenza silenciosa. Mi poesía busca esa épica de lo cotidiano, esa «pasión de una batalla».

Tú eres el «verbo sin pasado ni futuro», bella y presente, y esa manera que tenemos de querernos se traduce en los gestos simples, la manta vieja en el sofá, el bostezo lento al amanecer, el olor a lluvia fresca. «Somos más viejos, pero el fuego sigue» en la euforia que provocas, treinta años después, cuando pongo un disco de Ray Charles y la memoria de aquel verano inunda mi mirada.

Nuestro amor ha dado frutos, los más hermosos que jamás imaginé, dos preciosos hijos. Ellos son la encuadernación definitiva de esta historia, la prueba viva de que la «pasión» puede transformarse en «alma» sin perder su «llama encendida». Ellos son los testigos de que la «soledad es crisálida» donde me escondía, y tú fuiste las alas que me sacaron de ella para que pudiera vivir este sueño compartido.

En la segunda parte, «Amanecer entre flores», el tono cambia. Es el reposo, la certeza de la casa. Aquí el amor es «hiedra silenciosa», es el pacto de no soltarnos que se sella cuando «al caer la tarde, / dos almas se abrazaron, / nunca se sueltan». Es la calma que me permite confesar que, aunque me considero fuerte, «Temo el errante suelo que camino / a ciegas cuando dejas de mirarme». Esa es la vulnerabilidad desnuda de la que se alimenta el amor verdadero, la certeza de que tu ausencia borraría el universo.

Este poemario es un legado de esa felicidad. Es mi forma de decirte que, aunque haya «ruinas en los años» y la despedida sea un fantasma implícito en la vida, sujetar «el estandarte de mis ojos / en el resplandor de tu mirada» es mi única tarea.

Tú eres el centro gravitacional de esta obra, la mano invisible que no solo calma las tormentas, sino que me hizo entender que mi existencia era el «vuelo sereno / sobre la hiedra de tu amor».

Al lector solo le pido que, al abrir este libro, comparta no solo mis poemas, sino mis recuerdos. Que sienta la urgencia de aquella noche, la dulzura de la paternidad y la calma de saberse amado por más de treinta años. Porque mientras tú sigas siendo mi verdad, mientras seas palabra en mi boca y luz en mis ojos, esta historia no termina.

Con la certeza del amor que persiste, les ofrezco este fragmento que desnuda mi vida.

Juan Manuel Navarro Alfaro

(Otoño de 2025)

Primera parte

MARIPOSAS SOBRE TU CABEZA

Para que tú nacieras,
con su varita mágica
a las tormentas de piedra, un día,
mandó callar un hada
y encadenó los montes
para que tú volaras.

Antonio Machado

LA ARAÑA MARIPOSA

[...] quiéreme día,
quiéreme noche...
¡Y madrugada en la ventana abierta!...

Dulce María Loynaz

Solo sé desvanecerme
en las canciones que te nombran,
recorrer los parajes que la memoria inventa
cuando tu ausencia me habita.

Me quedé al borde del destiempo,
sin aprender a sembrar la soledad
con la semilla de no verte.

Vivo para bordar en el instante suspiros
con tu silueta;
soy el pájaro que escolta tu respiración,
una mota de polvo
que se cruza suavemente entre tus labios
cuando el aire la atraviesa.

El vacío es un tejido de araña,
y yo, si he de ser araña,
quiero vestirme
con vuelos de mariposa.

La soledad es crisálida y yo anhelo tus alas.

Solo soy quererte,
solo soy verso,
solo soy mirada,
si estás en el lugar de siempre,
frente a la mejilla que se enciende al verte.
Si no existieras,
solo querría
que el tiempo me rescatara,
y me traspasara de este bosque, al fin,
para encontrarte,
para inventarte.

ME HAS VENCIDO

Espacio, me has vencido. Ya sufro tu distancia.
Tu cercanía pesa sobre mi corazón.

César Dávila Andrade

Aquí, pisando la tierra, me has vencido.
Eres la raíz que, terca, rompe las entrañas del suelo;
la luz que, inocente aún, conoce las costumbres
de la oscuridad.
Apoyada en tus pupilas llevas la carga de tantas lunas,
y alzas tu herencia de fuerza y relámpagos.
Me abres el pecho con la música oculta de tu nombre.
En el filo de las auroras,
cuando aún me dura la embriaguez nocturna, vienes, cálida
y sin aviso, a mudar tus sueños sobre los míos, a robar,
en la respiración del aire, besos de rosas y viento.
Y yo simplemente rendido,
me descubro vencido no por la herida abierta,
sino por la gracia absoluta de tu victoria.

EL PLACER DE MIRARTE

Tú vives siempre en tus actos.
Con la punta de tus dedos
pulsas el mundo, le arrancas
auroras, triunfos, colores,
alegrías: es tu música.
La vida es lo que tú tocas.

Pedro Salinas

Cuentas los besos
con la perfecta desvergüenza
de quien roba una oración
para atraer lo más sagrado del deseo.

Tan cerca estás que tu existencia,
tendida en la llanura,
se funde con un ahora inmortal.

Erguida como lengua que desafía,
te presentas, libélula de toda historia,
volando con tu sola mirada,
llenando de luz
los huecos de nuestras flores.

Olvidando tus sombras,
me encuentras en la lumbre
de una promesa prohibida.

La vieja calle se viste de blanco
cuando tu anatomía renace
al paso por la acera.

Eres verbo
sin pasado ni futuro,
preciosa y aquí cierta,
renacida en la eternidad secreta
que se esconde
en el puro placer de contemplarte.

LAS CARICIAS DE LOS *ÁNGELES*

Con amor eterno te he amado.

Jeremías 31,3

Eres un camino embriagador
que se enciende en mi mirada,
un ángel secreto
que enlaza esencias invisibles,
acariciadas por seres que se esconden en la luz,
guardianes callados
de lo divino y lo prohibido.

Eres el espíritu
que arranca al mundo de su penumbra,
el ardor que despega las tinieblas de las cosas
y deja, en su lugar,
la huella inextinguible de sus besos.
Temo el errante suelo que camino
a ciegas cuando dejas de mirarme.

El resplandor de tu figura en el recuerdo,
el eco infinito de tu nombre
grabado en mi sangre.

Me sorprendes como un árbol desmesurado
cuyas ramas derraman sueños
para cobijar pensamientos más velados.

Descoses tus miedos con lentitud voluptuosa,
mientras tus ojos de mujer
tejen espejismos donde me pierdo rendido,
prisionero de tu engaño luminoso.
Nunca he conocido
la sombra exacta de tus intenciones,
y por eso tiemblo, sumiso,
ante la gravedad de tus sueños.

Son más fuertes que cualquier plegaria,
más urgentes que el vuelo de los ángeles
que acarician la piel del aire a tu paso.

No temo a la oscuridad suave
que se disuelve en susurros,
ni al sol agitado
que incendia con violencia
el oro incandescente de tu llama.

Temo, en cambio,
al errante suelo que tropiezo a ciegas
cuando dejas de mirarme.

Cuando el universo se desploma en calma
y solo queda la certeza
de que ya no existo
si no estoy bajo la caricia de tu aliento.
Eres el camino embriagador
que teje en la mirada
esencias acariciadas
por seres que se esconden en la luz.

Eres el espíritu que libera
al mundo de su sombra,
dejando solo en él
la huella de tus besos
y la infinita memoria
de tu nombre.

Me sorprendes como un árbol
donde tus sueños son sus ramas.

Descoses tus miedos, despacio,
mientras tus ojos de mujer me engañan.

Siempre ignoré
las sombras,
y sumiso temblé
ante tus deseos.

No es la tiniebla suave a la que temo,
ni el agitado sol de tu pasión.

Temo el errante suelo
que camino a ciegas
cuando dejo de mirarte.

EL SILENCIO Y SUS FLORES

Donde la vida se hizo eternidad,
busco tu mano y descifro la causa.

José Saramago

Amo tus palabras,
mientras seas palabra,
como se ama al silencio,
con la devoción de quien intuye
lo invisible.

Me adentro en las calles de tu boca
y muerdo las flores
suspendidas en su luz,
hermosas como nomeolvides solitarias
en la plaza de un mundo abandonado.

Camino buscando tu sabor,
tu olor,
tu color,
entre las sílabas que se me escapan,
entre los signos que tu silencio custodia.

Te abrazo como se abraza a la eternidad,
en rápidos fragmentos,
con la certidumbre de que cada instante
es un pedazo de infinito.

La claridad de tus ojos me asiste.
¿Cómo mirar tus deseos
sin avanzar hacia tus labios?
¿Cómo amarte,
en tu génesis
o en el final
donde tu luz me enciende?

Cuando te quiero,
el vacío se vuelve leve,
y hasta la calma
florece en mi pecho.

EL ARAÑAZO DE LAS SOMBRAS

... Y era el Amor, como una roja llama.
—Nerviosa mano en la vibrante cuerda
ponía un largo suspirar de oro,
que se trocaba en surtidor de estrellas—.

Antonio Machado

Permanezco ausente,
mientras escondo en mis oídos
la última canción de Willie Dixon.

Araño en las sombras la ausencia,
ese filo invisible
que desgarra el aire,
y el vacío hace más denso el vacío
que dejas al marchar.

¿Cómo pronunciar siquiera tu nombre,
si en la senda de tus manos me extravío?
Si me envuelve,
como un manto secreto,

el tejido inasible de tu sonrisa.
Todo tu universo me contempla.
No sé si tus visiones
son vuelos de libélula,
o un viento lóbrego
que enciende y devora
mi propia llama.

CRISÁLIDA

Me busco y no me encuentro.
Rondo por las oscuras paredes de mí misma,
interrogo al silencio y a este torpe vacío [...]

Josefina de la Torre

Desciendes de los brazos del mundo
como una oruga secreta,
replegada en el rincón más hondo
donde las flores aprenden
a callar su existencia.

Huyes del sonido de los pájaros,
esas nubes errantes de la pena
que sobrevuelan los cielos oscuros,
afilados y fríos
como la hoja desnuda del otoño.

En tu tarde quieta,
hablas del silencio,
ese que predicas con labios sellados,
mientras un ramillete de luz despierta
bajo la huella leve de tu paso.

Habitamos un mundo contrario
a la mirada pesada del bosque
que los hombres pueblan sin alma.

Y te pliegas, como sirena de tierra,
allí donde el canto de los duendes
se inclina y reposa,
latiendo aún en la hondura de las aguas
que solo tú conoces.

BESOS DE FRAMBUESA

Tu cuerpo como un río.

Patricia Cervantes

Sigue besándome
detrás del murmullo dulce
de tu olor a frambuesa.

Termina de colgar en mi boca
el planeta secreto de tus dientes.

Sígueme hacia adentro,
donde el instante de los sentimientos se esconde,
y bebe en tus suspiros el olvido
que me hiere cuando te vuelves ausencia.

¿Eres acaso una silueta suspendida
en el instante que palpita?
No soy indiferente a las memorias
que se enredan en tu paso.

Veo derramarse pétalos de luz
ante tu presencia,

como si una neblina
templara el aire a su alrededor.

Voy hacia tu boca húmeda
y descubro en tu garganta
un lago que me inunda.

En tu paladar encuentro el suspiro
de la palpitación que me provoca tu aliento.
Me gustaría ser pescador
y recoger en tus recuerdos
las estrellas
que están ocultas en silencio.

Me gusta cuando me abrazas
y cierras los ojos
para buscar en la hondura de la oscuridad
ese amor que nos desborda,
como un río secreto
que jamás termina.

CUANDO YA NO ESTÉ

Me remueve tu voz. Por ella siento
que la rama combada se endereza
y el fruto de mi voz se crece al viento.

María Victoria Atencia

Hay ruinas en los años,
cubiertas por la piel de las melancolías,
y una interrogación las guarda
dentro de una maleta sin llave.

Hay una tristeza suave en el recuerdo
de quien sabe que ya ha vivido demasiado,
y alguien, en secreto,
vigila sus días para hurtarlos de las manos.

Hay miedo en la nostalgia,
y despedida en todo lo que ha de llegar.

¿Acaso pensaste alguna vez
que éramos inmortales?

Perdóname cuando falte,
si eres tú quien permanece.

Sujeta el estandarte de mis ojos
en el resplandor de tu mirada
y reconoce conmigo
que fuimos tan felices como pudimos ser.

Te amé en cada palabra,
en cada mirada,
incluso en los silencios que nos envolvieron.

Y cuando el tiempo dicte el último momento,
sé tú la raíz, la flor que queda en la tierra;
y déjame ser quimera,
huella sutil que atraviesa tu memoria,
ser un vuelo que jamás se detiene.
Déjame amarte mientras seas palabra.

EL SONIDO DEL ORIGEN

Cuerpo feliz que fluye entre mis manos,
rostro amado donde contemplo el mundo,
donde graciosos pájaros se copian fugitivos,
volando a la región donde nada se olvida.

Vicente Aleixandre

Ese cuerpo que se libera de lo ajeno
y flota como pavesa
sobre la sombra de diciembre,
no es ya brasa, ni es palabra,
es melancolía pura
del día en que nos conocimos.

Podría abrirse y derramar
sobre la tarde
la memoria encendida de tantos besos,
alcanzar el sonido secreto
donde la creación teje miradas
entre racimos de hojas blancas.

Podría ser rumor de piel contra piel,
un sueño compartido sin fronteras,
la certeza de que todo es real.

Ese cuerpo que miro,
que se nutre del amor que desprendemos,
sabe que existimos,
sabe que alcanzamos la mañana
entre la niebla
y el aleteo fugaz
de mariposas en tu jardín.

Contigo he vivido el origen,
y me he adentrado en tus abismos;
he habitado la esencia
de todo lo inconfesable.

Y en medio de todo
hay un sonido que solo al final se escucha.
Suena como un cuerpo al desnudarse
mientras la rebeldía aún nos sueña.
Suena como cuando éramos jóvenes
y todo ardía en la inocencia
de la primera vez.

TE VUELVES ALMA

Aquel que ha sentido una vez en sus manos temblar la alegría
no podrá morir nunca.

José Hierro

Te vuelves alma,
esencia de pétalos en flor,
mundo nuevo que despierta
en el instante en que te miro
y te estremeces.

Siempre fuiste arroyo
en el corazón frágil que me sostiene,
y lograste aplacar
las tormentas de la vida
con el leve aleteo
de quien vuela persiguiendo mis anhelos.

Has sido reposo y calma,
amor sosegado que entre mis labios
se trenzó como hiedra silenciosa
sobre el sereno prado de los sueños.

Tus ojos fueron paraíso de mis sentidos,
y tu corazón,
la mano invisible de semillas
acariciando nuestros atardeceres.
Toda mi vida ha sido un vuelo sereno
sobre la hiedra de tu amor,
un latido encendido
que aún me nombra en tus respiros.

RAYOS DE OTOÑO

Yo soy un sueño, un imposible,
vano fantasma de niebla y luz;
soy incorpórea, soy intangible:
no puedo amarte. —¡Oh, ven; ven tú!

Gustavo Adolfo Bécquer

Hay momentos en que el tiempo se apaga despacio,
como un sol que se inclina hacia la memoria.

Entonces te pienso.

La claridad en tu cabello se derrama,
y hasta las ausencias parecen perderse
en el perfume tímido de las madreselvas que,
solitarias, se ocultan
bajo la bruma y la escarcha.

Hay momentos en que estás
tan hermosa como la niebla misma,
tan etérea, tan próxima al silencio.

Y yo, con los ojos, dibujo
líneas de sueños sencillos,
donde tu figura florece,
iluminada por los rayos tibios
de una tarde de otoño que despierta.

LA LLAMA ENCENDIDA

Amar es arder en la ausencia de fuego.

Octavio Paz

En esta última hora,
cuando nos encontramos desnudos,
como amantes sin piel que nos abrigue,
me siento sobre tu mirada
para esconder la mañana
que pronto llegará.

Los besos encienden la llama
que avanza, temblorosa,
hacia la calma de las sábanas.

Ignorante aún de la claridad de tus ojos,
presiento en tu ser la nostalgia
que me consume
y me abraza.

Las sábanas guardan el calor
con que tu vida me fue entregada,
hasta traspasar el deseo

y descubrir, por fin,
que tan solo fuimos,
por un instante eterno,
una llama encendida.

CASABLANCA

Colmada está la tarde, y penden los frutos de sus galaxias.
Es una pulpa el aire y la luz está encantada.

Antonio Enrique

La habitación está aún demasiado fría.
Los vasos conservan
el rojo carmesí de tus labios.

Los besos penden
de un hilo suspendido
en el miedo que nos da pisar
el dormitorio
que aguarda cálido.

Siempre imaginé este instante.
Una mirada, un beso.
La llave que se atreve
a no girar a estas horas.

La habitación está aún virgen
del olor de tu presencia,
cómplice de tantas noches.

Siempre tuve escrita esta escena
en la memoria.
Siempre quise hacer el amor
en blanco y negro.

Iluminando los rincones,
escenas secretas de *Casablanca*.

Sentimos vergüenza al desnudarnos cuando era verdad.
Mientras sonaba el piano
y el deseo no podía esperar.

Siempre quise amarte
como se ama al soñar despierto.

ESTACIÓN EN TI

Echar de menos es echar de más una ausencia.

Elvira Sastre

Tus alas despiertan con el alba,
como si regresaran de un prado secreto.

Siento tu cintura entre mis piernas
mientras me ofrecen un bostezo lento.

Te urgen los besos,
y dejas que los instantes se deslicen
como si el tiempo se detuviera,
exigiendo tan solo una mirada.

Te trasladas del recuerdo
a los instantes postreros,
hasta lo más profundo de mi invierno.

Cerca de tu mirada laten mis latidos,
y en ese palpitar te escucho,
pensando que pasaré la vida dormido
en tu estación.

Caminas entre el *jazz* y las sonrisas,
abriendo la ventana que descubre el día hechizado,
para que podamos amarnos mejor.

TRAS LA PLENITUD DE TU RELIEVE

[...] la lucha contra el tiempo ya sin tiempo,
palpando lo infinito aquí tan cerca,
el deseo que devora con sus fauces,
la luna que consuela y ya no basta.
El naufragio final contra la noche,
sin más allá del agua, sino el agua [...]

Eugenio Montejo

Tras la plenitud de una noche
y sobre una madrugada cargada de recuerdos,
quiero hallar las llaves de tu puerta,
donde, desnuda, guardas las costuras de mis deseos.

Llegaste de un mundo nuevo y te esperaba
entre los restos de mi naufragio;
me urgía encontrar los pliegues
que te envuelven y me arrastran.

Ansiaba descubrir los secretos de tu blusa,
besar tus labios románicos,
reservados solo para mi boca,
mientras el tiempo nos aguardaba
fuera de las horas, suspendido y paciente.

Es cierto que en el terremoto de tus ojos me descubrí,
quieto y sentado,
cuando la primera noche
desataba su hechizo
y todo el mundo parecía detenerse
en el relieve de tu cuerpo.

TE ENCONTRÉ

Encendidos sus ojos sobre mis ojos pone
una fiebre violeta de envenenadas flores.

Javier Egea

Te esperé durante horas en el café París,
para posar mi mano sobre tu pelo
y respirar el aire mientras eras palabra.

Te esperé en los minutos que separan mi sueño
de tu presencia,
entre la luna disfrazada de otoño
y los musgos secretos de la pasión.

En la curva de tu perfil,
en la suavidad de tus ojos,
siempre te esperé.
Imaginé tus cabellos tendidos en el viento,
tus dedos rozando la niebla entre la lluvia.

¿Qué culpa tenemos los hombres de estar así,
hipnotizados, cuando el corazón se atreve a amar?

Te esperé entonces, y te espero ahora,
sobre el aliento de las alas de seda.
Te esperé ausente,
entre la distancia que custodia el lamento del otoño.

Recuerdo de mi espera la música de aquellas noches:
—Blues is my middle name—
esa música, ese ambiente cargado de amor.

Nunca supe por qué fui
tan dichoso de encontrarte.
Nunca supe cómo mi vida cambió.
Nunca supe cómo cambiaste mi vida.
Te esperé desde entonces,
en el sitio de siempre,
para tenderte la mano,
y cuando llegó el momento... lo supe.

UNA NOCHE DE VERANO

Cuando un cuerpo se entrega, nunca más se va.
Permanece aquí, en la piel, como una cicatriz de luz.

Raquel Lanseros

Paseando entre acordes de *jazz*,
bailamos aquella noche
en una calle colmada de recuerdos.
Era madrugada
y la cita más urgente
nos apresuró antes de la despedida.

Surcamos la oscuridad,
el rumor de las calles,
el sonido de los bares,
el devaneo silencioso de los transeúntes.

Nos apresuramos la primera vez,
y la luz de la pasión
se derramó como cera ardiente,
desbordándose antes de que pudiéramos mirarnos.

No te marches, nos dijimos,
en la penumbra de la calle Calvario,

en un pueblo de Granada,
mientras yo te acompañaba a casa
y tú me conducías al paraíso.

Hace cuatro días nos enamoramos,
y ya somos eternidad.
Hemos de nacer antes de la mañana
y encuadernar nuestra historia
en el paisaje que tu figura esconde.

Hace demasiado calor,
o quizás son tus ojos al mirarme
los que me abrazan.

Me despido de tus pechos en luna,
de tu boca en jardín,
de tus blancas manos,
de tu sonrisa traviesa.

No sé cuándo volveremos a ser tan jóvenes,
a dejar que el tiempo se deslice
como una simple canción de despedida.

No puedo besar tu llanto,
ni decirte adiós.
Es tarde para mirarnos por última vez.

Era la última noche de una noche de verano.

BLUES EN TU MIRADA

El «blues» no es más que un buen hombre sintiéndose mal, con una risa oculta.

Etta James

Suena una canción de *blues*,
posiblemente de mediados del siglo XX,
flotando en la noche escondida.

Suena la canción en la ventana del llanto,
y la voz nostálgica se curva en cada sombra,
bailando entre la penumbra y la memoria.

El humo del tabaco se desliza
por la puerta de los bares,
colmando el aire como un manto
del color de los recuerdos.

El sonido es agrio,
de tocadiscos antiguo, de disco gastado,
y una voz cálida, turquesa,
se esconde en un pueblo que descansa
sobre el *blues*,
como una manta de noches de verano.

Suena una canción mientras
te levanto la falda,
y te ríes al morder mis labios,
como si la música hubiera nacido
solo para *nosotros.*

TU SOMBRA

Me miro en el espejo y parezco una adolescente
pero la noche parece saber de mí,
y más aún, me asiste como si me quisiera.

Alejandra Pizarnik

Soñando como sueñan las hadas,
sobre el mantel de tu cuerpo,
besando poro a poro tu pecho, me quemo,
como si mis labios fueran antorchas de cera.

El calor de tu cuerpo arde en tu mejilla,
tu cintura aprisionada entre mis manos.
Tu pelo ondeando, llenando la estancia de deseo.
Así permanezco mientras descienden
de mis sueños tu propio sueño.
Y el aire se satura de un perfume irreal.

Todo llega a deshoras, mientras te imaginaba
en una habitación con notas de *blues*.
Allí te encontré,
esperando la caída de la noche mientras
la tarde pálida de agosto moría.

Allí te encontré, paseando en mi pensamiento,
entre recuerdos de aquel verano intenso.
Estabas desnuda, y cuando te amaba me mirabas,
rociando el fuego de la tarde sobre la piel
que nos cubrió sin permiso.

Entró la soledad, al terminar la ducha,
cuando la luna aún no había enfriado la conciencia,
te busqué,
y solo encontré tu sombra
en el espejo exacto de mi recuerdo.

BENDITA ALEGRÍA

La mariposa recordará por siempre que fue gusano.

Mario Benedetti

Mi vida fue el pliegue donde el destino
alcanzó el vuelo hacia la estancada mirada
de tus frágiles briznas.

Planeas sobre el reino de una vida
aún cargada de fantasmas,
donde el silencio evoca
solo tardes vacías.

Fui el sendero de la duda
hasta traspasar la verdad
subido en tu vuelo.

Esperé al otro lado de las hojas,
siempre siendo solo tallo.
Nunca imaginé que en mis monstruos,
al cruzar el desorden de la noche,
podría ser donde se posa la niebla
y resbala la bruma.

Donde existe otro destino,
donde el tiempo se desliza
sobre tus alas de mariposa
y se hace alegría... bendita alegría.

EMBRUJADOS

[...] aunque te busque y no te encuentre
y aunque
la noche pase y yo te tenga
y no.

Mario Benedetti

Te he besado en calles llenas de nosotros,
me he doblegado como un golpe ciego
ante el deseo de tus labios de mujer.

Te he besado en la desalentada acera,
donde el amor se desliza hacia el deseo.
Te he besado siempre en la mirada,
olvidado de todo lo demás,
quizá contemplando los recuerdos
de aquellos primeros días,
cuando la noche nos hacía más jóvenes.

Existía una razón para seguir amándonos.
Te he escuchado en los recuerdos,
como aquellas viejas canciones de UB40.

Te he amado en el silencio denso
de las campanas
anunciando la madrugada.

He tatuado tu nombre en la rama de los almendros.
He ordenado mi desierto y sus gritos aturdidos,
para cuando subas las escaleras y despierte,
sabiendo que ya te has ido.

Segunda parte

AMANECER ENTRE FLORES

Has de saber
que creí en las flores
cada día que te observé tormenta,
que habitas aquí dentro y te siento calmada
y me lates tranquila
y te vivo sin pausa [...]

Elvira Sastre

SOMOS LOS MISMOS

Lo que hacemos hoy es lo más importante.

Buda

Llegó el momento de incendiar el precipicio
y desprendernos de la duda,
de conocernos desnudos de alma. Limpios.

Somos los mismos que hicieron el amor
aquella noche, mientras la azotea del firmamento
ardía como zarza en el abismo.

Creíste que los sueños eran para otros,
que se cerraban para nosotros
en un pozo de lienzos apuñalados.

Y aquí estás, regalándome tu vida,
triunfante, como quien atraviesa piedras sobre fuego.

La verdad se esconde entre las horas,
brotando como miel sobre los troncos.

¡Qué dulce el encanto de besar tu sonrisa!
Saber, por un instante,
que dentro de las nubes escondes la lengua
con la que buscarás el rastro de la soledad.

Llegó el momento, corazón,
de volver a desearnos,
de quedarnos solos ante el vacío
de nuestros nombres.

A ORILLAS DE LA PUERTA

Una rosa de niebla cada noche florece en tu jardín.
La envía el tiempo.

Rafael Juárez

Fue un día claro, de alegría en el corazón,
con tu cálida sonrisa de recién levantada
y la útil soledad de quien busca
en un espejo el camino hacia mis noches.

Encontraste mis paisajes,
más allá de los lugares donde los sueños
nunca mueren.
Tienes que saber, antes de nada,
lo lejos que estoy del olvido.

Te amaré como se ama a un verso
sobre el tapiz de la mañana,
ardiente en la sencillez de tu ser.

Agradecido de la noche y sus caminos,
podaré el sueño para quedarme
solo con tu nombre.

Guardaré el recuerdo de las mejores miradas,
congeladas en el aire
para pensar en ti cuando no estés.

Mi vida te entregó su llave a orillas de la puerta.
Pintaste en mis ojos una mirada,
mientras buscabas en el hueco de tu alma
un rincón para guardarla.

EL SOFÁ

Y la vida es memoria.
Y la memoria es vida que regresa.

José Ángel Valente

La tormenta nos abrazó en el sofá,
el aire suave de la sierra nos acarició.
Escondidos bajo la sombra de una manta vieja,
cómplices de un día de invierno, mirándonos.

No pudimos esperar la tarde
para saber cómo se mira a la luna,
cuando todo se vuelve cierto,
tan cierto como la hermosura de tenerla
en tu forma,
con tu olor a lluvia fresca.

RADIO FUTURA

Que la vida iba en serio
uno lo empieza a comprender más tarde [...]

Jaime Gil de Biedma

Un disco antiguo de Radio Futura,
una caja de zapatos llena de casetes,
la colección de piedras, el desorden
propio de alguien que espera encontrarse.

Dicen que un cuerpo es la estancia de sus cosas,
y que, con los años,
buscas intacto lo que se conserva
entre recuerdos de tantos rostros.
¡Dicen tantas cosas!

La casa piensa en ser como tú,
se llena de tus recuerdos
y de olores que dibujan tu cuerpo.

¿Será este desorden locura,
o es solo la nostalgia?

Los libros pueblan el suelo,
y la memoria es el espejo de mis ojos.
La casa sin ti está vacía, necesita tu falda volando
para caminar sin heridas.
Necesita el aroma de tu blusa,
y manos que la acaricien, miradas que la encuentren.
Todo te necesita.

Hemos escuchado demasiadas canciones antes de mirarnos,
y de pronto el alma está en tránsito, volviendo.

LO QUE SUEÑO

Para ser y en tanto somos dar un sí que glorifica.

Gabriel Celaya

Siempre pienso que mis sueños
son un campo de eternidad y amapolas,
de infancia y de miradas grandes como una playa.

Aprendo, en la brevedad del tiempo,
la urgente importancia de amar.

Pienso,
y te miro.
Te veo como un amanecer,
el sol aún no ha salido en mi sueño,
pero ya me alumbras.

LA PASIÓN DE UNA BATALLA

Esta ciudad que miras no es la tuya.

Álvaro Salvador

Cuando la noche es tan larga como tus piernas
y en tus cabellos se posan las trenzas del *blues*,
suena el piano y una voz se quiebra
sobre el patio de aquella casa,
cerca del lugar donde nos besamos por primera vez.

Es la hora de mirarnos nuevamente,
la hora de ahogar mis besos en tu garganta
y de apretar tu cintura.

Es de noche, treinta años después,
y aún creo escuchar notas de Ray Charles
cuando tus primeros recuerdos
inundan mi mirada.

Somos más viejos, pero el fuego sigue
en la euforia que provocas,
mientras la noche dibuja en tu pecho
el sobresalto de mis deseos.

Siempre desprendes en mi vida
la pasión de una batalla.

SUSPIROS

Busco ahora, despacio, con mi lengua
la demorada huella de tu lengua
hundida en mis salivas.

José Ángel Valente

Te imaginé a través de tu ropa,
frágil, cuerpo conmovido.
Entre el sueño abandonado
y la desvergüenza de tus pechos griegos,
me abandoné en el lecho de tus pestañas
y me regocijé en la antesala
de tus pantalones grises.
Nada más importa.

SUEÑOS

La herida es la palabra. La palabra, el deseo.

José Ángel Valente

Los labios y la piel recuerdan el rito
que despiertas cuando tu cuerpo retorna del deseo.
Aún me estremezco al cerrar los ojos,
y regresar la visión de tu niebla
entre la brisa de tus secretos.
Bebo el placer de tus vientos,
envueltos en la seda de tus caderas,
y, como luna creciente,
entré en la casa donde me aguardabas.

SIN LÍMITES

¡Qué tibias noches de susurros llenas,
qué horas de bendición!

Rosalía de Castro

Quisiera guardar los recuerdos
hechos de fuego en tus ojos,
tallar en mármol tus palabras,
cubrir de calor la distancia.

Detenerme aquí, sin límites,
creer que mi memoria
es la imagen de tus dedos
prolongándose en mis labios.

Quisiera modelar en tus ojos
la sensualidad que me brindas,
y descansar en la esperanza
mientras la lluvia escribe
sobre tu conciencia.

NUESTRO PRIMER BESO

El cuerpo es esa orilla
donde el pensamiento cesa
y la luz comienza.

Clara Janes

Vi en tus mejillas el destino, dibujado en la arena.
Vi los átomos de la existencia sobre un mar de tierra.
Te vi, sentada, inmóvil, tallada como piedra.
Parecida a las colinas, serena y eterna.
Soñé sin tocar la tierra, y ya estaba cerca.
Pegado a tus labios,
como si el mundo hubiera dejado de existir.

SALGO DE TU BOCA

La perfección es la memoria.
Y la diferencia es el olvido.

Guillermo Carnero

Tu tez,
perfumada,
grande como el eco
de un rayo en la orilla.
Tu pelo,
mezcla de silencios
y de rocío.
Tu cuerpo,
bello reflejo del sol
sobre el agua de un manantial.
Tu mirada,
flor de oro donde brilla la espera.
Tu alma,
razón por la que surqué
las constelaciones de tus ramas,
el abismo de tu aroma, la espuma de tu boca.

Salgo como el viento
después de robar tu corazón,
y apacible bebo
el sabor cristalino
de tus labios.

TU PRESENCIA

Para qué sirve el mar si no estás tú.

Javier Egea

Recibo de nuevo las palpitaciones de tu cuerpo,
las que me destrozan como una poda del alma,
mientras las ojeras devoran mis pies.

La soledad me derriba,
y la locura de no verte se sienta en el alféizar
de mi conciencia.

Navego por tu cintura,
golpeo la vida sobre la cobertura de tus labios,
y parece imposible no tenerte,
así, de pronto,
como quien desnuda la mañana.

PASIÓN

Y era tan dulce amarte, tan de verdad amarte,
que mi cuerpo se hundía en el tuyo como una balsa.

Luis García Montero

Me derrumban tus latidos,
me aprisionan tus dedos la sien,
y me rindo a los anhelos
que clavas en mi garganta.

El deseo es el vértigo, el abismo,
el oscuro sótano de tus sueños desnudos.
En la tela de araña que atrapa la razón
escondo mis sueños prohibidos,
entre tus muslos de agua,
tus pechos de seda,
tus labios de nácar.

En tu desnudez guardo la cara
que me embarga
cuando deseas con el alma
fundirte entre las sábanas.

TUS OJOS

Y el amor es un riesgo, una aventura
que el cuerpo emprende sin saber por qué.

Felipe Benítez Reyes

Es de noche, y en tus ojos
se dibuja un resplandor.

El aire orea tu cabello.
Estática, sostienes las manos
en tus mejillas,
acariciando las pestañas.

Lo he soñado.
Eres tan hermosa como una lágrima.
Guardas en tu mirada
el calor de la inocencia,
la virginidad de nata
que los astros y su fuego encienden.

Tus ojos son agridulces,
velas de un galeón
hirviendo en medio del mar.

Son faros
que me salvaron del último naufragio.

LA PROMESA DE LA NIEBLA

Me duele la hermosura de estos cuerpos
que, ajenos al tesoro
de aquella edad antigua de los dioses,
veloces y dorados, se deslizaban
como almas en noches de verano.

Fernando de Villena

Las nubes corrían como promesas,
empujando el invierno hacia el placer
de tenerte saltando en mis brazos.

La luna cra un puñado de piedras,
y al mirarlas, parecían deslizarse
sobre las gotas del rocío.

El tiempo corría húmedo
entre amaneceres, cuando los vampiros
se escondían en las ventanas de tu jardín.

Luego, el tiempo se detuvo.
Nos hicimos inmortales,
como un retal de siglos.

En nuestra cabeza descansa el susurro
suave que queda cuando duermes tus besos
en mi garganta.

Te marchas,
y como si nada, dejas mi vida
vestida de nostalgia,
con un jersey en la mirada
y tu sonrisa pícara en tu falda.

Solo queda el olor de tus pendientes,
el aroma de tus dedos,
el dolor de no tenerte
y querer aún hacerlo.

Suena una canción antigua;
queda suspendido el estribillo en el aire,
mientras nuestros cuerpos se dividen.

¿QUÉ IMPORTA EL TIEMPO?

Una cosa bella es una alegría para siempre.
Su encanto aumenta;
nunca se desvanecerá en la nada.

John Keats

¿Qué importa el tiempo que vendrá,
si es como la tarde, detenido?

El amor crece como palmeras
sobre tus muslos.

¿Qué importan las costumbres,
los martes, la tímida lluvia, o salir de casa
presintiendo, sin más, la niebla?

El amor se derrama sobre los acantilados
que tu cuerpo
y sus secretos atraviesan,
mientras caminas hacia los caminos ardientes
de tu cama.

EL VIENTO

¿Te acuerdas? Para el mundo he nacido una noche
en que era suma y resta la clave de los sueños [...]

Vicente Aleixandre

Sé que estos versos
no serán lo mismo
sin la luna,
ni estos poemas bajarán
los escalones hacia el parque,
ni habrá metáforas
sin contar la huida a nuestro encuentro.

Ni siquiera será un poema
si no dijese que nos amamos
en aquella última noche.

Las palabras sobran;
es suficiente el rumor
de los primeros vientos.

La luna,
las escaleras hacia tus ojos,
agosto y el viento.

¿Cómo olvidar el suave viento
que subía tu falda
hasta los senderos de las estrellas?

TE BUSCO EN EL AMANECER

Ella camina en la belleza, como la noche
de climas despejados y cielos estrellados.

Lord Byron

Nombro las sílabas de tu vida
y busco en el abecedario
el significado profundo de tu nombre.

Acompaño con la mirada
las nubes a lo lejos.

Eres mi sueño, amor. Mi destino.

Comprendo a las estrellas
cuando amanecen oscuras
y palpitan junto a ti.

DESPIERTA, MUJER

Cuerpo feliz que fluye entre mis manos,
rostro amado donde contemplo el mundo [...]

Vicente Aleixandre

Me gustas cuando despiertas,
porque en tus ojos
está la respuesta de aquel lugar
donde preguntabas
cómo era posible amarnos tanto.

Me gusta cuando al besarte tiemblas
y te quitas la ropa, divertida.

Estás en un lugar de espejos, sabiéndolo,
y al respirar mirándome,
tu aliento encuentra mi boca.

Sientes, por un momento,
que estás enredada
en una estancia donde, afortunadamente,
llenaré tu boca de abismo.

Despierta, mujer,
ya pasó la lluvia,
y salieron a pescar los besos
que has anclado en las rayas de mi piel.
Pronto podrás volar.

DESIERTOS DE AUSENCIA

No es el amor quien muere,
somos nosotros mismos.

Luis Cernuda

Sobrevivimos al naufragio
sabiendo decir un «hasta pronto».

Con una sonrisa supimos dibujar
una ventana con vistas
a los pétalos de las hadas.

Destrozamos los senderos de la magia,
y supimos esperar
el tiempo de nuestra nueva luna.

Contamos las estrellas cada noche,
dibujamos en el cielo tu horóscopo.

Pusimos lluvia sobre el incendio
del dolor que nos producía estar lejos.

Las flores y sus sombras nos ahogaban,
pero las venas soportaban
la sangre hirviendo del deseo.

Sobrevivimos al naufragio
y al desierto de la ausencia.

¿QUIÉN SABRÁ?

¡Qué alegría más alta:
vivir en los pronombres!

Pedro Salinas

¿Quién encontrará los lugares
que mi sangre y tu sangre han recorrido?

¿Quién sabrá de nuestras miradas y su lluvia,
y de la vida que hemos inventado?

¿Quién verá desde abajo lo difícil
que fue subir montañas,
y esconder las palabras difíciles
y los días de soledad?

¿Quién sabrá lo importante que fue el amor
cuando alguien faltó entre los bosques?

¿Quién sabrá cuánto amor he recibido?

¿Quién sabrá que tus besos fueron mi fuego,
y tus miradas mi aliento, que los días fueron
más cortos y el dolor menos dolor a tu lado?

¿Quién sabrá que existimos un día,
y en nuestra alma escondimos el mapa
de cada amanecer para buscarnos en la muerte
y besarnos y mirarnos y no volver a las noches
sin nosotros?

Sé que estás en el espejo de mi vida
y que guardas en tu laberinto la pasión de una batalla.

Sé que en cada mirada están las coordenadas
de un futuro sin horas, donde no seremos
más que la pavesa del fuego que juntos encendimos.

ROBASTE LAS AGUJAS DEL RELOJ

Dije: Todo ya pleno.
Un álamo vibró.
Las hojas plateadas
sonaron con amor.
Entonces, mediodía, [...]
¡Las doce en el reloj!

Jorge Guillén

Siempre estuviste torciendo las agujas del reloj,
sin respetar el rumor del tiempo,
para no cruzar la frontera
donde el amor separa
la secreta memoria de las horas
y su dictadura de siglos.

Yo siempre esperando que mis dedos
pudiesen parar el tiempo
que acecha y avanza sin preguntas.

Tú siempre huyendo de las horas,
de un oasis de arena,
espiando cada noche
los invisibles secretos de la eternidad.

¿Quién nos hubiera dicho
que nos haríamos mayores tan pronto,
y que el mar de nuestro pasado
se haría tan grande,
y sus aguas tan claras?

¿Quién nos hubiera dicho
que el pasado se fue,
deslizándose en nuestras manos como el frío,
sin pensarlo dos veces?

Ahí estabas,
dispuesta a arrancar las agujas del reloj
y su reino de soledad.

Ahí estabas,
viendo desde lejos que la eternidad no existe,
y que solo la unión de nuestras cenizas
nos hará inmortales.
Tal vez.

NIÑA

Tú no te irás, mi amor, y si te fueras,
aun yéndote, mi amor, jamás te irías.

Rafael Alberti

Me gusta cuando me miras,
porque en tu mirada está la llave de mi sonrisa.

Me gusta cuando me hablas,
porque en tus palabras vive la pasión.

Me gusta cuando sonríes,
porque recorres con tu sombra
el perfil de tu belleza.

Me gusta cuando besas,
porque respiras hondo en mí.

Me gustas, niña del agua y las estrellas,
sueño inmortal de mis sueños.

Me gusta cuando recorres en silencio
las tardes de tu vida.

Me gusta cuando abres los ojos
y expulsas las sombras de mi vida.
Me gusta cuando detienes el tiempo.
Me gusta cuando adelantas las manos
por mi espalda y cortas mi aliento.

Me gusta cuando besas,
guardando en el corazón
el aroma de mi cuerpo.

Me gusta cuando miras
al cielo y se llena de estrellas,
cuando me miras
y se borran todas las sombras.

CÓMPLICES

Allá, allá lejos;
donde habite el olvido.

Luis Cernuda

Duende soy, y trafico con la noche
la nostalgia de tu cuerpo.
Recorro las calles
hasta que la oscuridad me engaña,
y en las ventanas donde rompe la luz
puedo robarte un beso.

Cómplice soy de tus misterios;
eres como una respiración en calma.
Recorro, vena a vena,
las inevitables sonrisas,
mientras el amanecer se esconde en tu mirada.

Bendigo los momentos
en que tu piel se desliza sobre mis labios.
Maldigo la soledad que nos devora.
A pesar de todo,
quiero que vengas a la estancia

donde la memoria guarda
los peligros del amanecer
tras la noche y sus silencios.

AUSENCIAS

[...] yo no te quiero así,
disfrazada de otra,
hija siempre de algo. Te quiero pura, libre,
irreductible: tú.

Pedro Salinas

Sumergido en la nostalgia azul de mis ojos,
rodeado por la incertidumbre del recuerdo,
con las velas aún guardadas en cada latido,
soplo los segundos como gotas
de agua caída del polvo de tus alas.

Sumergido en la red de la araña-mariposa,
busco la niebla y sus ausencias,
y me entrego a ti mientras el amor se rinde.

ME ENAMORÉ DE TI

¿Habrá un fin al saber?
Nunca, nunca. Se está siempre al principio
de una curiosidad inextinguible
frente a infinita vida.

Jorge Guillén

En el extenso cielo que cubre el día para soñar,
en la bruma de un amanecer perpetuo,
en el sendero de tus nalgas eternas
vi escondida tu mirada, y te vi reír,
oculta como una ola en el inmenso mar.

En la virginidad blanca de nuestra inocencia,
en el amanecer de nuestra historia,
súbitamente me enamoré de ti.
En la luna y su sangre,
en los pasos perdidos de la incertidumbre,
entre tus dudas, ahí me enamoré de ti.

Abrí la cortina que el teatro del mundo nos tiende,
detuve en la piel tu aroma
y lo guardé en vasijas de polvo de estrellas.

Orienté mi rumbo hacia el exilio
que pronuncia tus letras,
rompí las olas bravas de lo incierto,
surqué un mar sin escalas
y busqué una eterna primavera,
donde la ausencia de tus besos
era como un alma vacía.

PEQUEÑA FLOR

La soledad no es triste;
un remanso de paz en la memoria,
si el recuerdo te guarda.

Manuel Altolaguirre

Flor azul se guarda,
lleva en flores fieles
el pulso que es.

La luz de tu piel,
alba sobre la arena,
no borra el mar.

La mano me guía,
una verdad en tu alma,
ya no hay soledad.

Tu pecho es mi puerto,
calma de la tempestad,
aquí quiero estar.

Dos cafés al sol,
la vida se vuelve fácil,
te miro y sonrío.

LA ÉPICA DE LO ÍNFIMO

Cerré mi puerta al mundo;
se me perdió la carne por el sueño.
Me quedé, interno, mágico, invisible,
desnudo como un ciego.

Emilio Prados

1
Al caer la tarde,
dos almas se abrazaron,
nunca se sueltan.

2
Lento el corazón,
guarda en la playa un sueño
de arena.

EL AMOR

Si nada nos salva de la muerte,
al menos que el amor nos salve de la vida.

Pablo Neruda

El amor es la fuerza que nos ha impulsado
a cuidar de nosotros y de nuestros hijos,
el lazo invisible que ha llenado
de paciencia nuestros días.

El amor es la confianza, el refugio y la libertad.
El amor es mirarnos a los ojos y reconocernos.
Es no dejar de construirnos; es el firme universo
donde nuestras almas descansan.

El amor es la certeza que nos sostiene,
el viaje compartido,
la canción escuchada,
lo bueno y lo perdonado.

El fuego y la lluvia,
el camino y el silencio.

Los gestos pequeños, lo más cotidiano.

El amor es esa tirita que cierra las heridas,
el espejo que nos dice quiénes somos.

El amor es mirarte,
muchos años después de la primera vez,
y tener la certeza de que todo aún permanece,
de que el fuego sigue vivo y encendido.

EPÍLOGO

Mientras tú seas palabra, no habrá olvido
ni tampoco soledad.
Mientras tú seas palabra

yo siempre te podré seguir leyendo.

ÍNDICE

Segunda parte
AMANECER ENTRE FLORES

Este libro se terminó de editar en Granada
en enero de 2026 por

www.aliarediciones.es
info@aliarediciones.es